ÉCOLE NORMALE SUPÉRIEURE DE FONTENAY - SAINT-CLOUD

CRÉDIF

CENTRE DE RECHERCHE ET D'ÉTUDE POUR LA DIFFUSION DU FRANÇAIS

Les petits lascars

LE GRAND LIVRE DES COMPTINES 1

MICHÈLE GARABÉDIAN • MAGDELEINE LERASLE • FRANÇOISE PÉTREAULT-VAILLEAU

Dessins de Joëlle Boucher et Véronique Durand

crédif

Mes p'tites mains font tap ! tap ! tap !
Mes p'tits pieds font paf ! paf ! paf !
Un, deux, trois,
Un, deux, trois,
Trois p'tits tours et puis s'en va !

Tape, tape, petite main,
Tourne, tourne, petit moulin,
Vole, vole, petit oiseau,
Nage, nage, petit matelot.

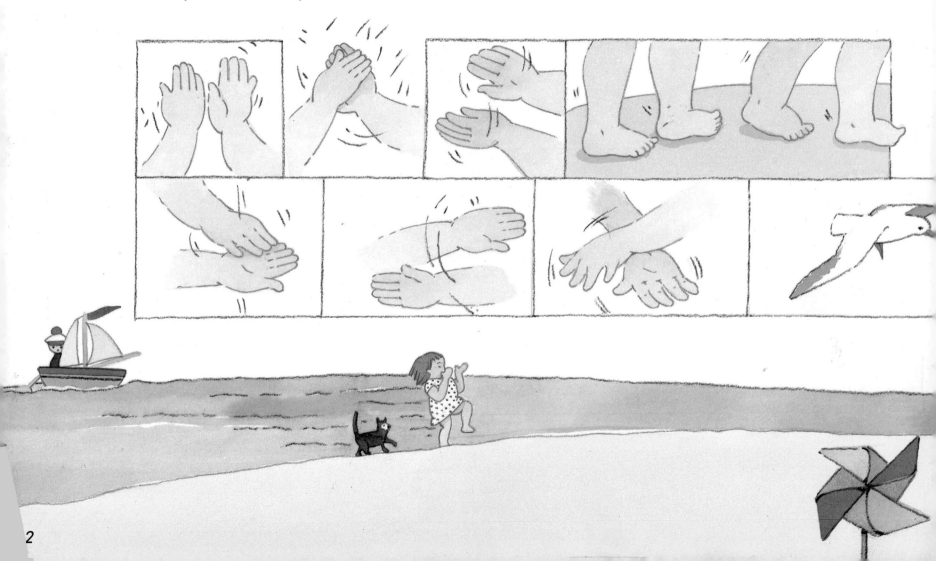

Mes p'tites mains tapent, tapent,
Elles tapent en haut,
Elles tapent en bas,
Elles tapent par-ci,
Elles tapent par-là.

Mes p'tites mains frottent, frottent,
...

Mes p'tites mains tournent, tournent,
...

Monsieur Pouce est dans sa maison.
Monsieur Pouce est dans sa maison.
Toc! toc! toc!
Qui est là?
C'est moi...

Chut! Je dors!
Mais... toc! toc! toc!
Qui est là?
C'est moi...
Ah! Je sors!

4

Voici ma main,
Elle a cinq doigts,
En voici deux, en voici trois.

Le visage

Beau front,
Beaux yeux,
Nez de cancan,
Bouche d'argent,
Menton fleuri,
Guili-guili.

Je te tiens, tu me tiens
Par la barbichette.
Le premier qui rira
Aura une tapette.
Un, deux, trois.

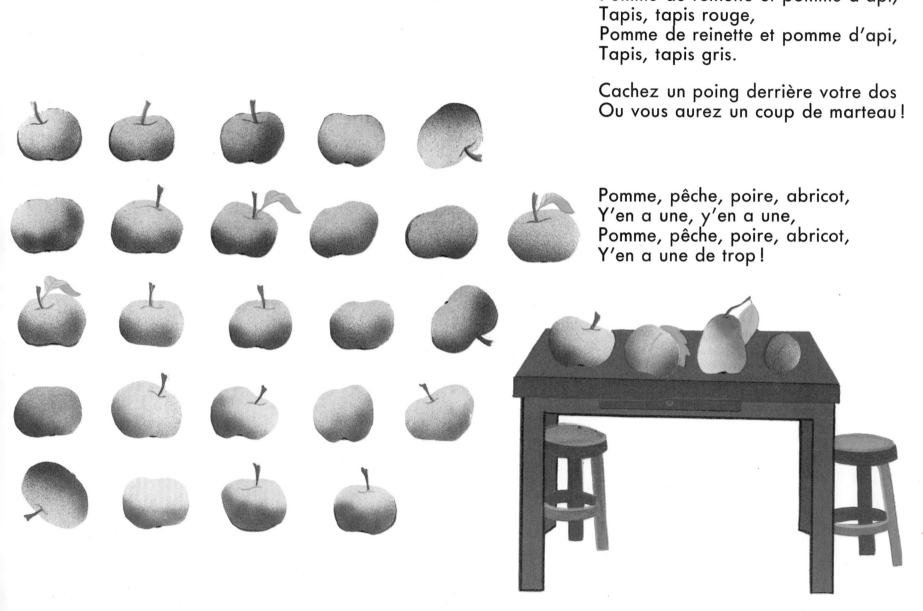

Pomme de reinette et pomme d'api,
Tapis, tapis rouge,
Pomme de reinette et pomme d'api,
Tapis, tapis gris.

Cachez un poing derrière votre dos
Ou vous aurez un coup de marteau !

Pomme, pêche, poire, abricot,
Y'en a une, y'en a une,
Pomme, pêche, poire, abricot,
Y'en a une de trop !

Ma tante vend des pommes,
Elles sont rouges et vertes,
Vertes par dessus,
Tourne-toi petit bossu.

La famille Tortue

Jamais on n'a vu,
Jamais on ne verra
La famille Tortue
Courir après les rats.

Le papa Tortue,
Et la maman Tortue,
Et les enfants Tortue
Iront toujours au pas.

Une poule sur un mur
Qui picotait du pain dur,
Picoti,
Picota,
Lève la patte,
Et puis s'en va.

J'aime papa,
J'aime maman,
Mon p'tit chat, mon p'tit chien, mon p'tit frère.
J'aime papa,
J'aime maman,
Mon p'tit chat, mon p'tit chien,
Et mon gros éléphant !

Mes petits lapins
Ont bien du chagrin,
Ils ne sautent plus
Dans le p'tit jardin.

«Où tu as mal petit lapin?
— J'ai mal au pied...
— J'ai mal au genou...
— J'ai mal à la tête...
— J'ai mal au bras...
— Guéris! Guéris! Guéris!»

Saute, saute, saute
Petit lapin,
Saute, saute, saute
Dans le jardin.

Un I, un L,
Ma tante Adèle,
Des raves et des choux,
Des figues nouvelles,
Ne passez pas
            dans mon jardin,
Ne cueillez pas
            mon romarin,
Cric ! crac ! Ma savate.
Pi ! po ! Mon sabot.

Le fermier et le lapin

Un petit lapin
Est caché dans le jardin.
« Cherchez moi, coucou, coucou,
Je suis caché sous un chou. »

Le fermier passe et repasse
En tirant sur sa moustache
Et ne trouva rien du tout;
Le lapin mangea le chou.

19

Un, deux, trois,
Je m'en vais au bois,

20

Quatre, cinq, six,
Cueillir des cerises,

Sept, huit, neuf,
Dans un panier neuf,

Dix, onze, douze,
Elles sont toutes rouges.

Tombe, tombe, tombe la pluie,
Tout le monde est à l'abri.
Y'a que mon p'tit frère,
Qui'est sous la gouttière,
Pêchant du poisson
Pour toute la maison.

Escargot de Bourgogne,
Montre-moi tes cornes,
Dis-moi si demain il fera beau.

Il pleut, il mouille,
C'est la fête à la grenouille.
Il pleut, il fait beau temps,
C'est la fête au cerf-volant.

La galette

Les pigeons sont blancs? Ouiii...
Ils sont verts et gris? Ouiii...
Tourne ton dos, Marie. Ouiii...

La galette est-elle bien cuite? Ouiii...
La galette est-elle bien dorée? Ouiii...
La galette est-elle bien sucrée? Ouiii...
Tournons la galette.

J'aime la galette,
Savez-vous comment?
Quand elle est bien faite,
Avec du beurre dedans,

Tralalala lalala lalère,
Tralalalalalalalala. (*bis*)

Les pigeons sont blancs?
...

Promenons-nous dedans les bois,
Tant que le loup n'y est pas.
Si le loup y était,
Il nous mangerait.
Mais comme il n'y est pas,
Il nous mangera pas.

Loup y es-tu?
Que fais-tu?
M'entends-tu?
Ouh!... Ouh!... Ouh!...
Je me lève.

Promenons-nous dedans les bois,
...

J'enfile ma culotte
...

J'enfile mes bottes.
...

Je mets ma chemise.
...

Je prends mes lunettes.
...

Je sors!

Mes p'tites mains font tap! tap! tap! (p. 2)

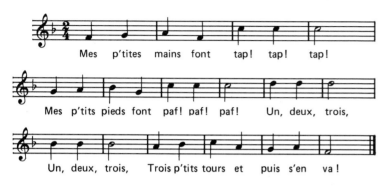

Mes p'tites mains font tap! tap! tap!

Mes p'tits pieds font paf! paf! paf! Un, deux, trois,

Un, deux, trois, Trois p'tits tours et puis s'en va!

Tape, tape, petite main (p. 2)

1. Ta - pe, ta - pe, pe - ti - te main,
2. Vo - le, vo - le, pe - tit oi - seau,

Tour - ne, tour - ne, pe - tit mou - lin.
Na - ge, na - ge, p'tit ma - te - lot.

Mes p'tites mains tapent, tapent (p. 3)

Mes p'tites mains ta-pent,tapent, Elles tapent en haut, Elles

tapent er bas, Elles tapent par ci, Elles tapent par là.

Je te tiens, tu me tiens (p. 8)

Je te tiens, tu me tiens Par la bar-bi-chet - te. Le pre -

- mier qui ri - ra Au - ra une ta-pet - te. Un, deux, trois. (rire)

Pomme de reinette et pomme d'api (p. 10)

Pomme de rei - nette et pomme d'a - pi,

Ta - pis, ta - pis rou - ge, Pomme de rei -nette et

pomme d'a - pi, Ta - pis, ta - pis gris.

Ca - - chez un poing der - -rière votre

dos Ou vous au - rez un coup d'mar - teau !

Pomme, pêche, poire, abricot (p. 10)

Pomme, pêche, poire, a - bri - cot, Y'en a u - ne, Y'en a u - ne, Pomme, pêche, poire, a - bri - cot, Y'en a une de trop !

Ma tante vend des pommes (p. 11)

Ma tan - te vend des pom - mes, El - les sont rouges et ver - tes, Ver - tes par des - sus, Tour - ne - toi pe - tit bos - su.

La famille Tortue (p. 12)

Ja - mais on n'a vu, ja - mais on ne ver - ra La fa - mille Tor - tue Cou - rir a - près les rats. Le pa - pa Tor - tue, Et la ma - man Tor - tue, Et les en - fants Tor - tue I - ront tou - jours au pas.

Une poule sur un mur (p. 13)

U - ne pou - le sur un mur Qui pi - co - tait du pain dur, Pi - co - ti, Pi - co - ta, Lève la patte, Et puis s'en va.

J'aime papa, j'aime maman (p. 14)

J'aime pa - pa, J'aime ma - man, Mon p'tit chat, mon p'tit chien, mon p'tit frè - - re. J'aime pa - pa, J'aime ma - man, Mon p'tit chat, mon p'tit chien, Et mon gros é - lé - phant !

Mes petits lapins (p. 16)

Mes pe - tits la - pins Ont bien du cha - grin, Ils ne sau - tent plus Dans le p'tit jar - din.

Un I, un L, ma tante Adèle (p. 17)

Un I un L (e), Ma tante A - dè - le, Des rav's et des choux, Des fi - gues nou - vel - les, Ne pas - sez pas dans mon jar - din, Ne cueil - lez pas mon ro - ma - rin, Cric ! Crac ! ma sa - vate. Pi ! Po ! mon sa-bot.

Le fermier et le lapin (p. 18)

Un pe - tit la - pin Est ca - ché dans le jar - din. "Cher - chez moi, cou - cou, cou - cou, Je suis ca - ché sous un chou." Le fer - mier passe et re - pas - se En ti - rant sur sa mous - ta - che Et ne trou - va rien du tout; Le la - pin man - gea le chou.

Un, deux, trois (p. 20)

Un, deux, trois, Je m'en vais au bois, Quatre, cinq, six, Cueil - lir des ce - rises, Sept, huit, neuf, Dans un pa - nier neuf, Dix, onze, douze, Ell's sont tou - tes rouges.

Tombe, tombe, la pluie (p. 22)

Tom - be, tom - be, tom - be la pluie, Tout le monde est à l'a - bri. Y'a que mon p'tit frè - re, Qu'est sous la gout - tiè - re, Pê - chant du pois - son Pour tou - te la mai - son.

Escargot de Bourgogne (p. 22)

Es - car - got de Bour - go - gne, Mon - tre - moi tes

cor - nes, Dis - moi si de - main il fe - ra beau.

Il pleut, il mouille (p. 23)

Il pleut, il mouil - le, C'est la fête à la gre -

- nouil - le. Il pleut, il fait beau temps, C'est la fête au cerf - vo - lant.

J'aime la galette (p. 24)

J'ai - me la ga - let - te, Sa - vez - vous com -

- ment ? Quand elle est bien fai - te, A - vec du beurre de -

- dans, Tra la la la la la la la

lè - re, Tra la la la la la la la

la, Tra la la la la la la la

lè - re, Tra la la la la la la la la.

Promenons-nous dedans les bois (p. 26)

Pro - me - nons - nous de - dans les bois,

Tant que le loup n'y est pas. Si le

loup y é - tait, Il nous man - ge - - rait. Mais comme

il n'y est pas, Il nous man - g'ra pas.

Maquette et couverture : Hans Troxler
Gravure de musique : Dominique Montel

© Les Éditions Didier, Paris 1988 ' Printed in France.
Imprimé en France par Pollina, 85400 Luçon n 11513
Dépôt légal : juillet 1989